Glück und Gesundheit

Pattloch*

Freude, das ist das Höchste,
es ist Gesundheit an
Leib und Seele, die man
gibt und empfängt.

Clemens Brentano

Das Leben ist bezaubernd,
man muss es nur durch
die richtige Brille sehen.

Alexandre Dumas

Lächeln ist das

Kleingeld des Glücks.

Heinz Rühmann

Erreiche den Gipfel der Leere,

bewahre die Fülle der Ruhe,

und alle Dinge werden gedeihen.

Laotse

Der Körper ist an keiner
Stelle ohne Seele, weil sie
mit ihrer eigenen Wärme den
ganzen Körper durchströmt.

Hildegard von Bingen

Die Menschen suchen ihr Glück,
ohne zu wissen, auf welche Art
sie es finden können.

Voltaire

Oft kommt das Glück
durch eine Tür herein,
von der man gar nicht
wusste, dass man sie
offen gelassen hatte.

John Barrymore

Was ist Freude,
und wann ist man froh?
Wenn man sich selbst
in Wahrheit gegenwärtig ist.
Dass man ist, heute ist,
das ist Freude.

Sören Kierkegaard

Die Sonne ist

die Universalarznei

aus der Himmelsapotheke.

August von Kotzebue

Wenn der Mensch gesund ist
und Friede im Herzen hat,
kann er schon auf Erden
im Vorgarten des Paradieses sein!

Paul Keller

Die meisten Menschen wissen
gar nicht, wie schön die Welt ist
und wie viel Pracht in den
kleinsten Dingen, in einer Blume,
einem Stein, einer Baumrinde
oder einem Birkenblatt
sich offenbart.

Rainer Maria Rilke

Lerne loszulassen,

das ist der Schlüssel

zum Glück.

Buddha

Ruhe im Innern,
Ruhe im Äußern.
Wieder Atem
holen lernen,
das ist es.

Christian Morgenstern

Es gibt keinen Weg

zum Glücklichsein.

Glücklichsein

ist der Weg.

Wayne Dyer

Mit den selbstauferlegten Zwängen nach viel Besitz verlieren wir oft den Blick für die kleinen Dinge des Lebens. Die Augenblicke, in denen wir innehalten, sind daher kostbar.

Voltaire

Hebt man den Blick,

so sieht man

keine Grenzen.

Aus Japan

Es ist unrecht und falsch, dem
Glück das Prädikat »launisch«
und »unbeständig« anzuhängen.
Nicht das Glück … wir sind es,
die täglich unseren Begriff von
Glück wechseln und ändern.

Wilhelm Vogel

Gesundheit und ein heiterer Sinn

führen leicht durchs Leben hin.

Theodor Fontane

Ein glückliches Leben muss zum größten Teil ein ruhiges Leben sein, denn wahre Freude kann nur in ruhiger Atmosphäre gedeihen.

Bertrand Russell

Bildnachweis: Umschlagfoto: Corbis/ Sachiko Kono/ amanaimages · Fotos: Corbis: S. 5 Sachiko Kono/ amanaimages/ S. 6 Amyn Nasser/ S. 9 Michele Constantini/ PhotoAlto/ S. 10 GYRO PHOTOGRAPHY/ amanaimages/ S. 12-13 Charles Krebs/ S. 14 Richards Powers/ Arcaid/ S. 17 Frank Lukasseck/ S. 18 Matthieu Spohn/ PhotoAlto/ S. 21 ZenShui/ S. 22 Steve Austin/ Papilio/ S. 25 Bloomimage/ S. 26 Ocean/ S. 29 Tetra Images/ S. 30 Maki Mizuno/ NEOVISION/ amanaimages/ S. 33 Radius Images/ S. 34 Ocean/ S. 36-37 Frank Lukasseck/ S. 38 Wolfgang Kaehler/ S. 41 Radius Images/ S. 42 Steven Kazlowski/ Science Faction

Gesamtgestaltung: Atelier Sibylle Schug, München
Bild- und Textauswahl: Annett Katrin Graf, Pattloch Verlag
Lektorat: Annett Katrin Graf, Pattloch Verlag
Bildredaktion: Markus Röleke
Druck und Bindung: Sachsendruck Plauen GmbH
Printed in Germany

ISBN 978-3-629-10847-0
www.pattloch.de
05

MIX
FSC FSC® C021195